# COUP D'OEIL

## SUR

# LES ÉVÉNEMENS

## DE 1830.

### A MES CONCITOYENS.

> L'union fait la force. Garde à nous, mes amis ; défions-nous des ultras rouges ou blancs et des solliciteurs désappointés.

PAR UN GRENADIER DE LA 2ᵉ LÉGION DE LA GARDE NATIONALE DE PARIS.

## PARIS,

DE L'IMPRIMERIE DE MOREAU,

RUE MONTMARTRE, N° 39.

# COUP D'OEIL

## SUR LES ÉVÉNEMENS.

### A MES CONCITOYENS.

> L'union fait la force. Garde à nous, mes amis, défions-nous des ultras rouges ou blancs et des solliciteurs désappointés.

Au moment de son avènement au trône, quelques actes dignes d'un Roi de France avaient fait oublier les fautes du comte d'Artois, et les acclamations de tout un peuple avaient salué Charles X.

Les honneurs rendus à Louis XVIII, comme auteur de la Charte, son deuil spontanément pris et porté par tous les Français, auraient dû témoigner à son successeur de quel esprit de gratitude est animée la grande nation qu'il était appelé à gouverner.

Charles X pouvait vivre heureux, tranquille, honoré comme Roi constitutionnel

Mais au lieu de s'appuyer sur trente-deux millions d'hommes qui lui tendaient les bras, il a préféré pour soutiens quelques centaines de crosses, de croix, de vieilles épées rouillées.

Au lieu de gouverner avec et par la Charte, le parti-prêtre et sa cour lui ont persuadé que nos respects pour sa vieillesse, que notre silence, malgré tant de graves sujets de plainte, étaient de la crainte, de la pusillanimité; ils lui ont conseillé de devenir Roi absolu : ses fameuses ordonnances ont paru; il a voulu en soutenir l'exécution par la force des armes.

*Le peuple s'est levé!*

Roi, princes, gens de cour, états-majors d'armée et de clergé, tout a disparu.

Chose sublime! ce peuple tant méprisé, calomnié, victorieux, seul, sans commandans, sans plans, sans autre but que la liberté, n'a profité de sa victoire que pour maintenir l'ordre et se choisir un chef digne de la France.

Louis-Philippe a été proclamé Roi!

Philippe d'Orléans, Roi de France! quel malheur, s'écrient les nobles et les prêtres!

« Un Roi qui est content quand on l'appelle
» le premier citoyen et bon père de famille,
» qui parle toujours de sa femme et de ses en-
» fans, qui envoie les jeunes princes au collége
» et laisse faire de la broderie, de la tapisserie,
» et même de la charpie aux princesses devant
» tout le monde; il mange avec les bourgeois
» de province; son fils aîné est canonnier au
» lieu de généralissime, et le second est chas-
» seur au lieu de grand-amiral; il sort tout
» seul en calèche, en habit bleu, avec un cha-
» peau gris; plus de noble escorte, d'accidens,
» d'écuyer, de gentilshommes; adieu la garde-
» robe, le gobelet, l'office, la chapelle, la
» vennerie, etc., etc., etc., etc.

» Gens comme il faut, couvens, séminaires,
» qu'allons-nous devenir? la France est perdue!

» La patrie est en danger, s'écrient les vieux
» jacobins et quelques jeunes amateurs de ré-
» publique; encore un Roi, et quel Roi! il
» souffre qu'on prononce encore le mot reli-
» gion, il veut régner par les lois existantes,
» il n'exécute que des améliorations partielles,
» il demande du temps pour agir, dit-il, plus
» sagement, au lieu de tout bouleverser de
» fond en comble, et tout de suite.

» Rien ne marche, rien ne va, s'écrient les
» innombrables solliciteurs arrivés de tous les
» coins de la France; les ministres dorment;
» nous ne pouvons rien obtenir que des poli-
» tesses, et ce sont des places qu'il nous faut. »

Mes amis, laissons bourdonner ces essaims de frelons et de guêpes.

Est-ce en deux mois qu'on peut avoir reconstitué un état aussi grand que notre pays.

Si nous pensons que l'on trompe le Roi, prévenons-le; sa porte est ouverte à tous tant que nous sommes; il nous appelle, nous tend la main; il demande nos avis, accueille nos observations, nos plaintes et nos demandes.

Au moment de notre belle révolution, et je puis dire noble révolution, car les annales du monde n'offrent pas l'exemple de tant de modération et de sagesse pendant le combat et après la victoire, tout le monde était content; nous citoyens paisibles, sans arrière-pensée, les amateurs de places parce qu'ils rêvaient emplois et appointemens.

Pour contenter tous ces avides solliciteurs, il eût fallu créer cent mille places nouvelles.

Le nouvel ordre de choses leur paraît intolérable : on n'a pu les gorger tous.

Ils s'en vont promener leur chagrin et leur fainéantise ; ils rencontrent les anciens officiers du palais, les gens de cour de tous étages, les sinécuristes, les cumulards, les abbés de Charles X, les républicains anciens et nouveaux, les anciens chanteurs de l'hymne à l'Être suprême et les congréganistes.

Comme dans ce vaste pot-pourri d'opinions et d'intrigues on est d'accord sur le point essentiel, celui de gouverner, de puiser à pleines mains dans le trésor de l'État, la concorde, la bonne harmonie sont à l'ordre du jour pour bouleverser la France, sauf à se battre entre soi au moment du partage.

Que leur importe la tranquillité de leur pays ; ils n'ont plus ou ils n'ont pas de places ; sans espoir de les recouvrer ou d'en obtenir sous le régime actuel, ils mettent en pratique ce fameux axiome :

« *Abîmons tout plutôt, c'est l'esprit de l'église.* »

Nous, mes concitoyens, magistrats, défenseurs de la patrie, propriétaires, cultivateurs, gens de loi, de banque, d'industrie, de commerce, artisans, ouvriers de toutes les classes, repoussons de nos foyers ces intrigans et ces ambitieux désappointés; méprisons leurs clameurs; ils essayent de nous entraîner, de nous armer au nom sacré du bien public; ils se qualifient de purs patriotes; ils vous trompent; c'est un masque qu'ils prennent pour vous abuser; ils veulent employer vos bras à soutenir leurs prétentions ridicules.

Dernièrement, un de ces purs radicaux criait bien haut et bien fort contre le gouvernement; arrêté dans ses fougueuses déclamations, on le trouva porteur de sa petite pétition pour obtenir une sous-préfecture.

Que faisait, que voulait ce grand républicain, j'en appelle à vous?

Par celui-là, jugez tous ses pareils.

Au fait, que voulions-nous sous Charles X? l'exécution franche de la Charte, l'égalité pour tous, plus de sinécures, plus de cumuls, des réformes, des économies, la diminution des charges de l'État.

Nous souffrions impatiemment les airs de hauteur, de protection de tous les salariés qui nous devaient l'existence.

Eh bien! au lieu d'être gouvernés par une Charte qu'on avait bien voulu, disait-on, nous octroyer, et qu'on détruisait par lambeaux, nous sommes régis par une Charte présentée par le peuple à Philippe Ier, qui l'a acceptée et qui a juré de la maintenir, non pas la main dessus ou dessous l'Évangile, mais sur son cœur et sa conscience, ce qui est bien plus sûr.

Les sinécures sont abolies, les cumulards restreints, des réformes sages s'opèrent partout; nous marchons visiblement à une grande prospérité.

La majorité des Français est de l'avis du Roi; marchons avec prudence; examinons, approfondissons, ne faisons rien trop légèrement; même avec de bonnes intentions, on peut se tromper : la Chambre des députés vient d'en donner l'exemple.

Alors que nous veut-on? pourquoi nous troubler, nous irriter?

Comment oublie-t-on si vite les fautes, les erreurs de l'assemblée qui a conservé si mal à propos le titre de constituante ; c'était entre ses membres (l'élite de la France) un assaut, sans relâche, d'abolitions et de démolitions sans règle ni mesure.

Sans doute l'édifice social était gothique, les bases en étaient rongées ou vermoulues; il fallait le traiter comme tous les monumens, reprendre en sous-œuvre graduellement par portion, mais non saper tout en même temps comme on l'a fait.

Qu'est-il arrivé, l'édifice en croulant a écrasé dans sa chute toutes ces jeunes têtes si brillantes, mais inconsidérées, et la France est restée pendant plusieurs années noyée dans le sang des échafauds et des fusillades, au cri de vive la liberté ou la mort!

Un bras de fer, un génie vaste a pu seul maîtriser l'anarchie; nous sommes tombés sous le despotisme militaire, brillant de gloire, et qui bientôt à force de conquêtes et d'ambition s'est renversé lui-même et nous a laissés à la merci des rois de l'Europe. Ceux-ci, pour se venger de tant d'affronts reçus dans leurs capitales, nous ont infligé la branche aînée des Bourbons, leur ancienne cour, et les jésuites: la belle chute après tant de larmes, de sacrifices et de sang!

Que l'exemple nous serve; la liberté vient de nous apparaître; conservons-là précieusement, ne la brusquons pas, mes concitoyens; aspirons à sa possession avec ménagement.

Certes, il existe une gêne momentanée dans

les affaires, dans le commerce : quelle révolution s'est faite sans blesser quelques intérêts particuliers ? Encore ne faut-il pas attribuer à notre régénération politique les faillites qui écrasent les grandes places de France ; une foule de gens, depuis dix ans, ont entrepris et créé au-delà de leurs forces ; ils se soutenaient par des moyens factices ; le jour de la vérité a lui pour tout le monde : leur chute était inévitable. Travaillons désormais avec plus de prudence ; nous arriverons à payer nos dettes et à recréer une existence plus solide à nos familles.

Mais encore cette révolution n'a duré que trois jours : qu'on juge, par le dérangement qu'elle cause, du mal affreux que produirait une commotion nouvelle : la guerre civile inévitable, et probablement une invasion étrangère.

Français, serrons nos rangs, rallions-nous autour du drapeau tricolore.

Méprisons les agitateurs, les intrigues des congréganistes, gens de cour, d'église ; tenons-nous prêts à combattre les gens de sac et de corde qu'ils soudoient pour hurler, vociférer ; car ils ont bien soin de se tenir à l'écart pendant le combat ; les greniers, je me trompe, les caves sont leurs refuges ; ils semblent avoir à cœur de justifier la spirituelle demande d'un de nos concitoyens. « Voulez-vous bien avoir la bonté de me dire où étaient les royalistes dans les journées des 27, 28 et 29 juillet ? »

De grands coupables sont dans les fers : leur procès s'instruit ; ils seront jugés et recevront la peine due à leurs crimes.

Cependant des imposteurs répandent le bruit qu'on veut les soustraire à l'action des lois ; prétexte absurde, infâme, pour aigrir les esprits, fomenter des troubles, désunir les citoyens et la garde nationale. Ils ont osé calomnier cette dernière, dire qu'un grand nombre de ses membres était prêt à se révolter contre le Roi. Ils ont placé des placards atroces sur les murs, et lancé une troupe de forcenés ivres sur le Palais-Royal. Les gardes nationaux sont arrivés en foule sans être commandés, des pelotons se sont formés, des compagnies se sont organisées. Les furieux ont été repoussés, les plus mutins, arrêtés, ont couché en prison. Qu'a-t-on trouvé le lendemain ? d'anciens galériens, plusieurs marqués, un grand nombre de condamnés à diverses peines, d'anciens gendarmes et mouchards, suppôts de tyrannie.

Jeunes gens qu'on avait un instant égarés, voilà les héros qu'on vous associe. Quels remords seraient aujourd'hui les vôtres, si la garde nationale n'était accourue au secours du Roi des Français, et n'avait fait rentrer dans le néant cette troupe de misérables ; savez-vous quels étaient leurs plans, à quel point vous étiez dupes ?

D'abord feindre de crier plus haut que les autres : *Mort aux ministres,* pour attirer à eux une foule de mécontens, marcher sur Vincennes, essayer d'enlever les prisonniers et les faire évader à la faveur de déguisemens.

Au cas de non réussite et de massacre des ministres dans la mêlée, crier à l'assassinat, au meurtre, calomnier le peuple, l'appeler atroce, sanguinaire ; car, entendez-le bien, ce qui les désole plus que tout le reste, c'est que dans les derniers événemens, le peuple a été généreux, qu'il a suivi ses propres sentimens, n'étant pas dirigé par des jésuites blancs ou tricolores, qui auraient fait piller, brûler et massacrer.

Enfin, si l'on échouait sur les deux premiers points, se rejeter au milieu de la nuit sur le palais et tenter un coup de main sur la famille royale endormie.

Mais la garde nationale était là; elle sera partout et se vengera toujours dignement de la calomnie.

Dans sa fureur, son désespoir infernal, la catholique *Quotidienne,* trompette de son parti, avait le lendemain dans son journal, pour alarmer les départemens, exciter des révoltes, glissé comme par hasard un petit article, portant qu'à la suite d'un mouvement populaire, le Roi et sa famille avaient été obligés de quitter la capitale et de se réfugier à Neuilly.

Quel refuge! un château, un parc ouvert de tous côtés, sans murs, une simple haie.

A Paris, connaissant les lieux, nous levons les épaules de pitié; dans les provinces, on eût été épouvanté.

A peine revenus de leur dernière défaite, ils crient partout que le gouvernement, faible et sans énergie, fera transférer les prisonniers la nuit et par des routes détournées; que si la Chambre des Pairs ne condamne pas à mort, elle sera renversée et les ministres massacrés.

Il faudrait n'avoir pas une goutte de sang

dans les veines pour ne pas s'indigner devant pareille infamie.

Le gouvernement craindre, les gardes nationaux craindre, et quoi ? de la crainte en faisant tous notre devoir.

Marchons à la clarté du soleil.

Pour ma part, je réclame le poste qui sera jugé le plus périlleux.

Nous verrons bien venir ces prétendus ennemis.

De la crainte ! de la crainte ! quel mot révoltant quand chaque jour le Roi nous donne l'exemple du courage.

Quelle atroce calomnie contre des Français ! qu'on charge donc la garde nationale de cette translation en plein midi; qu'on annonce la marche à l'avance avec dignité et fermeté; au fait, tout moyen de prudence serait maintenant déplacé; on calomnierait encore; marchons donc et voyons quels sont nos ennemis ; finissons-en une bonne fois et qu'on n'ait plus à en parler ; l'attente est une longue agonie pour le courage. Mais pourquoi toutes ces alarmes? Pas un seul geste, un seul cri ne troublera la marche, car le peuple comprend très-bien que le libre exercice de la justice est la base de l'ordre social; sans cela, nous tomberions dans l'anarchie la plus affreuse.

Les chefs de l'émeute sont encore debout; déjouons leurs sinistres projets; s'ils nous tombent sous la main, livrons-les aux tribunaux, car la justice seule doit prononcer sur le sort de tous les coupables.

Ils soupirent après le secours des étrangers; ils envoient dans toute l'Europe courrier sur courrier; ils sautent d'Angleterre en France, et de France en Angleterre. Laissons-les user leurs fureurs et leur argent.

Iis rêvent la terreur! la terreur les servit si bien jadis contre nos pères, en habits et bas de soie, avec des ailes de pigeon, qui craignaient de se crotter ou défriser. Mais depuis près de quarante ans, la France toute guerrière ne fait plus de distinction entre ses enfans; tous ont du courage et le même zèle.

Aujourd'hui, les étrangers stupéfaits ne savent plus distinguer, sous les armes, le soldat du citoyen.

La garde nationale est devenue l'âme du pays; c'est désormais en ses mains que sont déposés l'avenir du grand peuple, le maintien de l'ordre, et le bonheur public qui en est la conséquence.

Les insensés ! quelle faute ils ont faite lors de sa dissolution ! Ils ont brisé leur palladium.

Une loi nouvelle est présentée; elle contient en grande partie les dispositions de celle de 1791 ; aussitôt promulguée, les citoyens éliront leurs chefs.

Dans les choix que vous allez faire, mes concitoyens, que la moralité soit la première recommandation, que l'opinion des élus ne soit pas douteuse; n'oubliez pas non plus que le courage personnel bien positif est indispensable au moment du danger ; il faut de la tête et de l'action de la part des chefs.

« Car mieux vaut une armée de cerfs com-
» mandée par un lion, qu'une armée de lions
» commandée par un cerf. »

On veut nous inquiéter sur les desseins ultérieurs des souverains étrangers. Fausse alarme !

Les Rois de l'Europe nous regardent sans doute; mais n'ont-ils donc pas assez de quoi s'occuper chez eux, car leurs peuples nous regardent aussi? Eh bien, regardons-nous tous, cela ne peut faire de mal à personne, et dans la crainte de faire des sottises, tout le monde restera tranquille. Que peut-on espérer, désirer de mieux? c'est le premier vœu, le premier besoin des honnêtes gens de tous les pays.

Philippe I*' doit à ses vertus domestiques le titre de *Roi des Français;* c'est l'estime générale de la grande nation qui vient d'appeler au trône celui de ses citoyens qui depuis long-temps était salué du titre du meilleur père de famille de France.

A son avènement, il a dit :

*La Charte sera désormais une vérité.* Et nous disons qu'à son exemple : La vertu chez les princes et chez les citoyens, sera désormais aussi une vérité.

Suivant la pensée d'un de nos plus grands publicistes, c'est d'en haut que vient le bien ou le mal ; c'est des hautes classses que dépendent les vices ou les vertus des peuples.

Quel spectacle avions-nous sous le yeux depuis quelques années? une famille royale bigote, toujours courbée devant des prêtres fanatiques et intrigans, une cour hypocrite agenouillée le jour pour plaire aux princes, et courant les spectacles, les tripots et les bals toute la nuit, la haute bourgeoisie, vaine suivant la cour, les employés de toutes les administrations obligés de faire leurs démonstrations de catholicisme, dans la crainte de perdre leurs places.

Quelle idée bizarre était entrée dans les têtes du haut clergé, vouloir ramener le temps de Richelieu et de Mazarin en 1830!

Quel pas immense ces gens-là viennent de faire dans la déconsidération!

Sans femmes, sans enfans, ils n'ont plus le cœur fait comme le nôtre; en cas de chagrin, de peine ou d'ambition refoulée, ils n'ont pas comme nous un intérieur pour les consoler, amollir leur rage, leur colère, des plaisirs pour les en distraire. Dans leur isolement, tout sentiment contrarié devient aigreur et fiel; ils ne peuvent se soulager que par la vengeance lâche et par ses armes ordinaires. Il existe encore pour eux un seul moyen de salut: revenant sur la faute du concile de Trente, qu'ils se marient, et ne soient plus sujets de Rome !

C'était une capucinade générale, bien en règle, organisée et montée par la congrégation. Dans l'armée elle-même, les avantages, les récompenses, l'avancement, étaient pour les officiers et soldats qui communiaient souvent. La classe aisée, indépendante, regardait en pitié toutes ces momeries ; mais le peuple se laissait gagner, les métiers se laissaient enrégimenter dans une espèce de milice dite sacrée, distribuée par centuries. Avant dix ans, la France eût été une immense jésuitière, bien fourbe, bien lâche, bien fausse. Nous eussions perdu le droit de conserver le nom de Français, qui vient de franc et de franchise ; car la délation, l'espionnage honteux, auraient remplacé la noblesse et la fierté de notre caractère.

Ainsi, à la suite du règne de Louis XIV, et sous Louis XV, la société était tombée dans la démoralisation la plus complète : à l'exemple des princes et de la cour, chacun se croyait obligé de faire parade de ses vices ; le plus infâme escroc, sans foi, sans loi, mauvais fils, père dénaturé, était salué du beau titre de roué délicieux et charmant.

Aujourd'hui, le ton et la mode ont bien changé ; chacun pratiquera sa religion à sa guise, et il va devenir de bonne compagnie d'être cité comme fils respectueux, excellent père de famille, honnête homme enfin, à l'exemple du prince.

Lequel vaut mieux des deux systèmes ?

La tenue de la famille royale, ses fils qui vont au collége et qui font de la chimie, de la physique et de l'anatomie avec nos enfans, ses filles qui seront vertueuses comme leur mère, parce que toujours elles seront utilement occupées, soit à l'étude des arts, soit aux ouvrages de leur sexe ou à secourir les malheureux.

Voilà ce qui nous promet un heureux avenir.

Les princes occupés des sciences et des arts n'ont jamais fait de mal, ils recherchent l'éloge et l'amour du peuple.

L'ignorance et l'oisiveté, voilà la source des fautes de tant de Rois ; isolés de leurs peuples, abrutis dans les débauches, rougissant d'eux-mêmes, ils se vengeaient de leur honte par des crimes.

Leur puissance les faisait échapper à l'action des lois, mais ils n'échappaient pas à leurs remords ; à l'affaissement physique succédait l'affaissement moral ; ils devenaient superstitieux et finissaient par tomber au pied du tribunal de la pénitence. Quels hommes les y attendaient ; quelle expiation on exigeait de leurs péchés ! Les échos des Cévennes retentissent encore du bruit du tambour des dragonades. Malheureux peuples !

Je croirais manquer à mon devoir, si, à l'occasion des derniers troubles, je ne faisais pas quelques reproches aux autorités civile et militaire, chargées de la police de la capitale. Des symptômes existaient depuis plusieurs jours; des promenades, des cris, des placards avaient donné l'éveil dès le dimanche; pourquoi n'avoir pas de suite appelé la garde nationale?

Que les chefs de notre administration se persuadent donc bien qu'il vaut toujours mieux prévenir que d'avoir à réprimer.

En tout autre temps, quand un état est bien constitué depuis plusieurs années, on peut surveiller long-temps un complot, le laisser éclater sur un point, afin de s'emparer de tous les coupables; mais dans une situation comme la nôtre, au moment de notre régénération politique, quand trois mois ne sont pas encore écoulés, avant tout, ramenons la confiance et le crédit par un grand calme; que Paris ne soit plus considéré par les départemens comme une terre volcanique. A quelques lieues de la capitale, l'alarme est déjà vive; aux extrémités de la France, il n'y a plus que de l'effroi dont nos ennemis sauraient bien tirer parti.

Que nos municipaux se réveillent donc, mais avec prudence cependant : que dans la vue de calmer les esprits, leurs proclamations ne soient pas plus alarmantes que les troubles mêmes. Quand M. le préfet de la Seine se permet de blâmer les chefs de l'administration de l'État, il dénote une désunion dans le pouvoir qui attriste, inquiète les citoyens : s'il a voulu augmenter sa popularité, il a manqué son effet, du moins dans l'esprit des gens sages qui forment la masse; il y a donc chez lui grande légèreté ou grande ambition dont le succès serait d'un dangereux exemple. Nous verrons bien.

Quant à nous, mes concitoyens, qui ne voulons que le maintien de la paix, de l'ordre public, qui ne sommes ni clubistes, ni doctrinaires, ni prétendus amis du peuple, ni affiliés de congrégation ou de camaraderies politiques, qui sommes désintéressés dans le partage du gâteau administratif, souhaitons que nos grands amateurs de places, si ardens à la curée et qui ont pris ou accepté pêle-mêle sans consulter leurs moyens, finissent par se rendre justice. Certes, je ne leur conteste pas de l'esprit, du mérite, mais que ce mérite, cet esprit se classent selon la capacité, le savoir : tel préfet serait excellent juge comme devant, tel juge excellent préfet; eh bien, qu'ils permutent entre eux; ils s'en trouveront mieux et nous aussi.

Pendant le temps que ces messieurs, jadis si grands théoriciens, feront l'apprentissage de la pratique de leurs nouvelles fonctions, veillons sans relâche, car sans nous que deviendraient-ils?

Quel bien ne résultera-t-il pas pour les malheureux d'une nouvelle direction des esprits! L'égoïsme n'est pas le fait des cœurs contens de leurs actions. Il existe chez l'homme honnête un besoin de rendre des services, de s'entourer des heureux qu'il a faits, de s'imposer la dîme de bienfaisance.

L'hiver va commencer; la classe ouvrière s'inquiète, craint les souffrances de la faim et du froid. Rassurez-vous, infortunés de toutes les classes; le père de la patrie veille sur vous; les subsistances sont assurées pour tout le monde. Divers genres de travaux et d'ateliers offerts et ouverts à tous les bras, selon les professions, garantiront des premiers besoins.

Tous les citoyens aisés, à l'envi des uns des autres, par des sacrifices particuliers, s'empresseront de mettre à la disposition du gouvernement tous les secours qui seront jugés nécessaires à la classe ouvrière, si la rigueur de la saison interrompait les travaux.

Infortunés de toutes les classes, nous veillons sur vous; nous vous conduirons nos femmes pour qu'elles vous consolent; nos filles travailleront les vêtemens nécessaires à vos petites familles, vous prodigueront tous leurs soins. Nous serons récompensés du bien que nous vous ferons, par le touchant spectacle de votre bonheur, et la bonne conduite de nos enfans.

Citoyens de tous rangs, de tous états, n'ayons plus qu'un même cœur, qu'une même pensée; rallions-nous autour du chef que nous avons choisi, et qui certes n'a pas démérité : il porte dignement notre drapeau.

Plus de divisions intestines, et l'arme au bras, c'est assez,

Car l'union fait la force.

Vive la France !

Dieu lui conserve le Roi.

NOEL,

Propriétaire et Grenadier.

www.ingramcontent.com/pod-product-compliance
Lightning Source LLC
Chambersburg PA
CBHW070450080426
42451CB00025B/2697